초등학교 2학년 읽기 유창성 프로그램

따스함

실력편 가을

교재 음성 파일

따스함 실력편 가을

초등학교 2학년 읽기 유창성 프로그램

1판 1쇄 발행 2020년 9월 9일
1판 14쇄 발행 2024년 10월 10일

글 송푸름 김민식 김민지 문희영 심민지 정평강
기획 김중훈
감수 배움찬찬이연구회
편집 김선희
편집지원 김요섭 백승국
일러스트 정수현
디자인 이희수
제작 이광우
경영지원 이성경
인쇄 한국학술정보(주)
성우 원구슬 최선우 김사랑
녹음 올제뮤직스튜디오 김용빈
ISBN 979-11-89782-06-1 (63710)
값 8,900원

템북 TEMBOOK
주소 인천 중구 흰바위로59번길 8, 지웰오피스텔 1036호
전화 032-752-7844
팩스 032-752-7840
홈페이지 tembook.kr
출판등록 2018년 3월 9일 제2018-000006호

초등학교 2학년 읽기 유창성 프로그램

따라 읽기 · **스**스로 읽기 · **함**께 읽기

따스함

실력편 가을

저자 송푸름
김민식
김민지
문희영
심민지
정평강

감수 배움찬찬이연구회

이 책의 목적

이 책의 목적은 학생들의 읽기 유창성 향상에 있다. 읽기 유창성은 정확하고, 적절한 속도로 물 흐르듯이 부드럽게 읽는 것을 의미한다. 그동안 우리는 아이들이 초등학교에 입학하여 한글을 해득하고, 2학년 정도가 되면 자연스럽고 유창하게 잘 읽을 것이라는 막연한 기대를 가지고 있었다. 하지만 유창하게 읽지 못하는 학생들이 생각보다 많다. 미국의 국가교육통계센터(NAEP)에 의하면, 초등학교 4학년 학생들 중 35%가 유창하게 읽지 못했다고 한다. 이것은 학생들에게 읽기 유창성 교육이 중요하다는 것을 의미한다. 국가읽기위원회(National Reading Panel)는 초등학교 5학년까지 읽기 유창성 교육이 필요하며, 읽기 부진이나 학습 장애 학생은 이후에도 읽기 유창성 교육이 도움이 된다고 말하고 있다.

유창하게 읽으면, 아이들은 책을 좋아하게 된다

많은 연구 결과에서 읽기 유창성은 읽기 이해와 매우 높은 상관성을 가지고 있다고 언급한다. 따라서 유창하게 읽지 못한다는 것은 곧 읽기 이해가 낮음을 의미한다. 아마 초등학교 교사라면 물 흐르듯이, 표현을 잘 살려 읽는 학생은 글 내용의 이해도가 높음을 알고 있을 것이다. 반면 유창하게 읽지 못하는 학생은 글 읽기에 인지적 자원을 많이 사용하기 때문에 읽은 후에 내용 파악이 더 어렵다. 이러한 이유로 읽기 유창성을 획득한 아이들은 내용에 더 집중할 수 있고, 결국 책 읽기를 좋아하게 된다. 읽기 교육에서 읽기 유창성은 단어 읽기와 읽기 이해를 연결하는 교량 또는 연결 고리이기에 그 중요성은 더욱 강조되고 있다.

읽기 부진 학생에게 효과가 있다

읽기 유창성 향상을 위한 효과적인 방법은 소리 내어 반복해서 읽기(Guided Repeated Oral Reading)이다. 이 책은 학교 현장에서 '소리 내어 반복해서 읽기'를 효과적으로 적용하기 위해 '시범 읽기'와 '또래 교수'라는 방법을 적용했다. 이를 제주도의 한 학급에서 시작해서 강원도와 인천의 여러 학교에서 적용한 결과, 참여한 대부분 학생들의 읽기 능력이 뚜렷하게 향상되었다. 그리고 읽기 유창성과 함께 읽기 이해에도 효과가 있었다. 특히 하위권 학생의 향상이 눈에 띄었다. 처음에는 정확도가, 점점 시간이 지나면서 신속성과 표현력 그리고 이해력까지 향상되었다.

교실과 가정에서 쉽게 활용이 가능하다

이 교재는 학교와 가정에서 쉽고 편리하게 활용할 수 있도록 음성 자료(안내, 시범읽기)를 제공한다. 따라서 온라인 가정학습으로도 활용할 수 있다. 글을 읽고 이해한 정도를 확인하는 문제풀이와 어려운 단어 쓰기 연습도 함께 제공하고 있다. 현장 연구에 참여한 선생님들은 주 3회 이상 꾸준히 적용하는 것이 가장 중요하다고 보았다. 처음에는 잘 모르다가 어느새 점점 학생들이 유창하게 읽는 모습을 보이고, 한 달 이상 지나면서 눈에 띄게 발전하고 두 달이 되면 학생들의 전반적인 읽기 능력 향상되었다고 말했다.

교실에 있는 우리 아이들을 위해 만들었다

배움찬찬이연구회에서 처음부터 읽기 유창성에 관심을 가졌던 것은 아니다. 한글을 읽지 못하던 학생이 한글을 성공적으로 해득하면, 가르치는 교사와 부모 모두 학생이 부드럽고 유창하게 읽기를 기대하게 된다. 이렇게 읽기가 어려운 아이들을 따라가다 보니 현장에서 쉽게 활용할 수 있는 체계적인 유창성 프로그램이 필요하다는 것을 알게 되었다. 무엇보다 이 책이 다문화 가정과 환경적으로 독서 경험이 부족한 학생들의 읽기 발달에 도움이 되길 기대한다.

이 책의 기본 구성은 배움찬찬이연구회 김중훈, 김소민, 노소온에 의하여 시작되었고, 이후 저자인 송푸름, 김민식, 김민지, 문희영, 심민지, 정평강의 노력으로 완성되었다. 이 책을 내는데 수고해주신 템북 김선희 사장님 그리고 TEM출판위원회에 감사드린다.

저자를 대표하여, 김중훈

활용 방법

이 교재는 학교와 가정에서 학생이 편리하게 사용할 수 있도록 음성 파일을 제공하고 있다. 구체적인 활용 방법은 아래와 같다.

1. 음성 파일
- www.basic123.net
- QR 코드를 통한 실행

2. 교재의 음성 파일 순서
① 시범 읽기 : 선생님 (시범)
② 따라 읽기 : 선생님 (시범) + 학생 (따라 읽기)
③ 스스로 읽기 또는 함께 읽기

3. 학생 스스로 읽기 연습 과정 표시하기

※ 열심히 연습하고 □안에 동그라미 표 하세요.

1. 들으며 읽기	2. 따라 읽기	3. 짝과 함께 읽기		4. 스스로 연습하기
		학생 역할	선생님 역할	

※ 참고 : <3.짝과 함께 읽기>는 상황에 따라 <4.스스로 연습하기>(3회)로 전환하여 진행할 수 있다.

4. 확인하기 및 쓰기
- [확인하기]는 본문을 읽고, 읽기 이해를 점검하는 단계이다.
  차시별로 2개의 내용 확인문제가 있다.
- [쓰기]는 본문 중에 어려운 단어를 선정하여 쓰기 연습을 제공한다.
  차시별로 3개의 단어 쓰기 연습을 한다.

5. 도전하기(선택 활동)
[도전하기]는 선택 활동으로 읽기 유창성 향상 정도를 확인할 수 있다.
음성파일을 듣기 전(출발)과 쓰기 활동이 끝난 후(도달) 글을 소리 내어 읽도록 한다.
걸린 시간과 틀린 어절 수를 기록하여 향상도를 확인할 수 있다.

도전하기

출발	걸린 시간	___ 분 ___ 초	도달	걸린 시간	___ 분 ___ 초
	틀린 어절 수	_____ 어절		틀린 어절 수	_____ 어절

6. 선생님용 부록
선생님용 부록(82페이지)에는 사전 평가, 사후 평가, 형성 평가에 대한 안내 및 점검표가 있다.
이를 통해 학생의 읽기 향상 정도를 확인할 수 있다.

교재의 구성

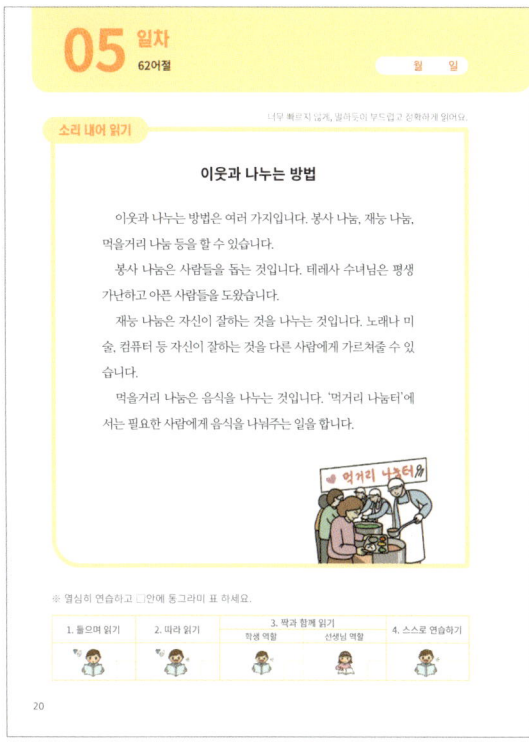

▶ 차시별 제목과 어절 수가 표시되어 있다.

▶ 본문
설명글, 이야기글, 동시가 있다.

▶ 삽화
내용에 따라 이해를 돕는 삽화가 있다.

▶ 읽기 연습 과정을 스스로 표시한다.

▶ 확인하기
읽은 내용을 잘 이해하였는지 점검한다.

▶ 쓰기
본문 중에 어려운 단어를 선정하여 쓰기 연습을 한다.

▶ 도전하기
읽기 유창성 향상도를 확인할 수 있다.

차례

이웃

순서	갈래	글의 제목	쓰기 연계	쪽
1	시	이웃 찾기	받침 ㅁ	12
2	이야기글	나눔은 부메랑	모음 ㅘ	14
3	설명글	꼭꼭 약속해요	받침 ㄱ	16
4	이야기글	사뿐사뿐 걸어요	받침 ㄴ	18
5	설명글	이웃과 나누는 방법	모음 ㅐ	20
6	이야기글	놀이터	받침 ㅂ	22
7	설명글	청와대	모음 ㅘ	24
8	설명글	멋진 소방관	모음 ㅘ	26
9	이야기글	인도의 썬다씽	받침 ㄹ	28
10	설명글	고마운 이웃들	받침 ㅅ	30
11	이야기글	글자가 헷갈려	받침 ㄹ	32
12	설명글	빨랫방망이와 세탁기	모음 ㅔ	34
13	이야기글	진정한 이웃	모음 ㅕ	36
14	설명글	다양한 미래의 직업	받침 ㄴ	38
15	이야기글	옛날 이웃의 모습	받침 ㅌ	40
형성평가	이야기글	노인의 말		42
형성평가	설명글	손 씻는 방법		43

가을

순서	갈래	글의 제목	쓰기 연계	쪽
16	시	거인국 수수께끼	받침 ㅊ	46
17	이야기글	가을 소풍	받침 ㅇ	48
18	설명글	강강술래	받침 ㅂ	50
19	설명글	미세먼지	모음 ㅔ	52
20	이야기글	잠자리 잡기	모음 ㅟ	54
21	설명글	송편 만들기	모음 ㅛ	56
22	설명글	추석	모음 ㅖ	58
23	설명글	나뭇잎의 비밀	받침 ㅎ	60
24	이야기글	가을 운동회	받침 ㅆ	62
25	설명글	가을 곤충	받침 ㅇ	64
26	이야기글	기다림의 맛	받침 ㅁ	66
27	이야기글	장난꾸러기 해님 때문이야	받침 ㄱ	68
28	이야기글	감나무를 구한 소년	모음 ㅖ	70
29	이야기글	농부와 두 아들	받침 ㄷ	72
30	이야기글	잊어버린 비밀 장소의 마법	받침 ㅈ	74
형성평가	이야기글	딸꾹질 개구리		76
형성평가	설명글	우리 몸의 신호, 하품		77

1
이웃

이웃 찾기
나눔은 부메랑
꼭꼭 약속해요
사뿐사뿐 걸어요
이웃과 나누는 방법
놀이터
청와대
멋진 소방관

인도의 썬다씽
고마운 이웃들
글자가 헷갈려
빨랫방망이와 세탁기
진정한 이웃
다양한 미래의 직업
옛날 이웃의 모습
형성평가

01 일차
48어절

월   일

소리 내어 읽기

너무 빠르지 않게, 말하듯이 부드럽고 정확하게 읽어요.

이웃 찾기

내 이웃은 누가 있나?
주변 한번 찾아볼까?

두덕두덕 나만 보면
잘생겼다 칭찬하는
옆집 할머니

재잘재잘 나만 보면
반가워서 말을 거는
내 짝꿍 현이

펄럭펄럭 나만 보면
노란 깃발 휘두르는
교통봉사 할아버지

싱글벙글 나만 보면
뭐 줄까? 물어보는
문구점 아주머니

만나면 기분 좋은
모두 모두 내 이웃

*두덕두덕: 조금 세게 두드리는 소리 또는 모양

※ 열심히 연습하고 □안에 동그라미 표 하세요.

1. 들으며 읽기	2. 따라 읽기	3. 짝과 함께 읽기		4. 스스로 연습하기
		학생 역할	선생님 역할	

확인하기

1. 나만 보면 잘생겼다 칭찬하는 사람은 누구인가요? (   )
   ① 옆집 할머니   ② 교통봉사 할아버지

2. 시에 나오는 장소는 어디인가요? (   )
   ① 놀이터   ② 문구점

3. 내 짝꿍 현이가 반갑게 말을 거는 모습을 어떻게 표현했나요? (   )
   ① 두덕두덕   ② 재잘재잘

쓰기 받침ㅁ

※ 시를 읽을 때는 시간을 재지 않아요. 글을 읽고 잘했다고 생각한 부분에 ○표 해봅시다.

노래하듯이 읽었다.	느낌을 살려 읽었다.	띄어 읽기를 잘했다.

02 일차
51어절

월   일

소리 내어 읽기

너무 빠르지 않게, 말하듯이 부드럽고 정확하게 읽어요.

나눔은 부메랑

선생님이 말씀하셨어요.
"나눔은 부메랑이에요."
나는 궁금했어요.
'나눔이 왜 부메랑일까?'
옆집 아저씨께 인사를 했어요.
"안녕하세요."
옆집 아저씨가 말씀하셨어요.
"씩씩하구나."
이웃에게 반갑게 인사했더니 인사가 돌아왔어요.
앞집 동생에게 사탕을 줬어요.
"사탕 먹을래?"
앞집 동생이 신이 나서 사탕을 먹고 말했어요.
"형아, 과자 먹을래?"
이웃에게 나눔을 했더니 나눔이 돌아왔어요.
나는 이제 알겠어요. '나눔은 부메랑이구나!'

※ 열심히 연습하고 □안에 동그라미 표 하세요.

1. 들으며 읽기	2. 따라 읽기	3. 짝과 함께 읽기		4. 스스로 연습하기
		학생 역할	선생님 역할	

확인하기

1. 선생님은 나눔이 무엇이라고 하셨나요? (　　)
   ① 사탕　　　　　　　② 부메랑

2. 앞집 동생에게 사탕을 주고 난 뒤에 생긴 일은 무엇일까요? (　　)
   ① 동생이 과자를 줬다.　　② 동생과 싸웠다.

3. 나는 왜 나눔이 부메랑이라고 생각했나요? (　　)
   ① 부메랑 놀이를 좋아해서　　② 이웃에게 나누면 돌아와서

쓰기　모음ㅏ

도전하기

출발	걸린 시간	___분 ___초	도달	걸린 시간	___분 ___초
	틀린 어절 수	_____어절		틀린 어절 수	_____어절

03 일차
52어절

소리 내어 읽기

너무 빠르지 않게, 말하듯이 부드럽고 정확하게 읽어요.

꼭꼭 약속해요

학교에서는 친구를 배려하기 위해 지켜야 할 약속이 있어요. 교실, 복도, 계단, 운동장, 급식실, 화장실에서 지켜야 할 약속은 무엇일까요?

교실에서 소곤소곤 이야기해요.

복도에서 차례차례 순서를 지켜요.

계단에서 허겁지겁 뛰지 않아요.

운동장에서 정정당당 규칙을 지켜요.

급식실에서 두리번두리번 주변을 잘 봐야 해요.

화장실에서 손을 꼼꼼히 씻어요.

나는 배려하는 어린이니까 약속을 꼭 지킬 거예요.

※ 열심히 연습하고 □안에 동그라미 표 하세요.

1. 들으며 읽기	2. 따라 읽기	3. 짝과 함께 읽기		4. 스스로 연습하기
		학생 역할	선생님 역할	

확인하기

1. 교실에서 지켜야 할 규칙은 무엇인가요? (   )
   ① 소곤소곤 이야기해요.   ② 허겁지겁 뛰어요.

2. 주변을 살펴보는 모습을 흉내 내는 말은 무엇인가요? (   )
   ① 절레절레   ② 두리번두리번

3. 배려하는 어린이의 모습은 무엇인가요? (   )
   ① 정정당당 규칙을 지켜요.   ② 키득키득 친구를 놀려요.

쓰기 — 받침 ㄱ

| ㅎ ㅏ | ㄱ |
| ㅛ |

| ㅇ ㅑ | ㅅ |
| ㅗ |

| ㅂ | ㄷ |
| ㅗ | ㅗ |

도전하기

출발	걸린 시간	___분 ___초
	틀린 어절 수	_____어절

도달	걸린 시간	___분 ___초
	틀린 어절 수	_____어절

04 일차
62어절

소리 내어 읽기

너무 빠르지 않게, 말하듯이 부드럽고 정확하게 읽어요.

사뿐사뿐 걸어요

쿵- 쿵- 쿵.
이게 무슨 소리냐고요? 오늘도 윗집에 사는 하늘이가 우당탕탕 뛰고 있어요. 벌써 일주일째랍니다.
'밤 10시가 넘었는데…. 시끄러워 잠을 잘 수가 없어. 속상해.'
고민하다가 하늘이에게 줄 선물과 편지를 준비했어요.

하늘아, 안녕?
나는 아랫집에 사는 유진이야.
너에게 선물을 주고 싶어.
이 실내화를 신고 밤에는 사뿐사뿐 걸어 주겠니?
선물이 마음에 들었으면 좋겠어.

유진이가

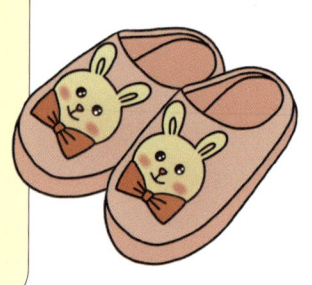

하늘이가 이 실내화를 신고 사뿐사뿐 걸어 주면 좋겠어요.

※ 열심히 연습하고 □안에 동그라미 표 하세요.

1. 들으며 읽기	2. 따라 읽기	3. 짝과 함께 읽기		4. 스스로 연습하기
		학생 역할	선생님 역할	

확인하기

1. 유진이네 윗집에 사는 이웃은 누구인가요? (　　)
   ① 하늘이네　　② 민식이네

2. 유진이는 왜 잠을 잘 자지 못하나요? (　　)
   ① 배가 고파서　② 시끄러워서

3. 밤에는 어떻게 걸어야 하나요? (　　)
   ① 쿵쿵쿵　　　② 사뿐사뿐

쓰기　받침 ㄴ

도전하기

출발	걸린 시간	___ 분 ___ 초	도달	걸린 시간	___ 분 ___ 초
	틀린 어절 수	_____ 어절		틀린 어절 수	_____ 어절

05 일차
64어절

소리 내어 읽기

너무 빠르지 않게, 말하듯이 부드럽고 정확하게 읽어요.

이웃과 나누는 방법

　이웃과 나누는 방법은 여러 가지입니다. 봉사 나눔, 재능 나눔, 먹을거리 나눔 등을 할 수 있습니다.
　봉사 나눔은 사람들을 돕는 것입니다. 테레사 수녀님은 평생 가난하고 아픈 사람들을 도왔습니다.
　재능 나눔은 자신이 잘하는 것을 나누는 것입니다. 노래나 미술, 컴퓨터 등 자신이 잘하는 것을 다른 사람에게 가르쳐 줄 수 있습니다.
　먹을거리 나눔은 음식을 나누는 것입니다. '먹거리 나눔터'에서는 필요한 사람에게 음식을 나눠 주는 일을 합니다.

※ 열심히 연습하고 □안에 동그라미 표 하세요.

1. 들으며 읽기	2. 따라 읽기	3. 짝과 함께 읽기		4. 스스로 연습하기
		학생 역할	선생님 역할	

확인하기

1. 봉사 나눔을 한 사람은 누구인가요? (   )
   ① 레베카 수녀   ② 테레사 수녀

2. 자신이 잘 하는 것을 나누는 것은 무엇인가요? (   )
   ① 재능 나눔   ② 먹을거리 나눔

3. 먹거리 나눔터에서는 어떤 일을 하나요? (   )
   ① 필요한 사람에게 음식을 나눠 준다.
   ② 아픈 사람에게 도움을 준다.

쓰기   모음ㅐ

도전하기

출발	걸린 시간	___분 ___초	도달	걸린 시간	___분 ___초
	틀린 어절 수	_____어절		틀린 어절 수	_____어절

63어절

소리 내어 읽기

너무 빠르지 않게, 말하듯이 부드럽고 정확하게 읽어요.

놀이터

'딩동댕동.'

학교 수업이 끝나면 나는 친구들과 놀이터에 간다. 놀이터에 재미있는 놀이기구가 많기 때문이다. 시소와 미끄럼틀도 좋지만 내가 제일 좋아하는 놀이기구는 그네다. 그네에 앉아 힘껏 땅을 구르면 하늘을 날고 있는 느낌이 들어서 좋다.

친구마다 좋아하는 놀이가 다르다. 달리기가 빠른 은비는 술래잡기를 좋아한다. 만들기를 잘하는 시우는 모래 집 만들기를 좋아한다. 친구들과 놀다 보면 어느새 밥 먹을 시간이 된다.

"얘들아, 안녕! 내일 또 놀이터에서 놀자."

※ 열심히 연습하고 □안에 동그라미 표 하세요.

1. 들으며 읽기	2. 따라 읽기	3. 짝과 함께 읽기		4. 스스로 연습하기
		학생 역할	선생님 역할	

확인하기

1. 주인공이 그네를 좋아하는 이유는 무엇인가요? (   )
   ① 하늘을 날고 있는 느낌이라서   ② 친구와 함께 탈 수 있어서

2. 달리기가 빠른 은비가 좋아하는 놀이는 무엇인가요? (   )
   ① 술래잡기   ② 땅따먹기

3. 만들기를 잘하는 시우가 좋아하는 놀이는 무엇인가요? (   )
   ① 종이접기   ② 모래 집 만들기

쓰기 받침 ㅂ

도전하기

출발	걸린 시간	___ 분 ___ 초		도달	걸린 시간	___ 분 ___ 초
	틀린 어절 수	_____ 어절			틀린 어절 수	_____ 어절

07 일차
66어절

월 일

소리 내어 읽기

너무 빠르지 않게, 말하듯이 부드럽고 정확하게 읽어요.

청와대

여러분, 청와대를 아세요? 청와대는 대통령이 일하고 생활하는 아주 큰 집입니다. 청와대는 푸른 기와집이라는 뜻이에요. 실제로 청와대 지붕은 약 15만 개의 푸른 기와로 만들어졌어요. 기와의 푸른색은 평화를 뜻하는 색이에요.

청와대 안에는 여러 건물이 있어요. 대통령이 일하는 본관, 대통령이 기자를 만나는 춘추관, 외국의 중요한 손님들을 맞이하는 영빈관이 있어요. 그리고 대통령들이 심은 나무가 있는 녹지원이 있어요. 예전에는 사람들에게 공개되지 않았지만, 이제는 관람 신청을 하면 청와대를 둘러볼 수 있답니다.

※ 열심히 연습하고 □안에 동그라미 표 하세요.

1. 들으며 읽기	2. 따라 읽기	3. 짝과 함께 읽기		4. 스스로 연습하기
		학생 역할	선생님 역할	

확인하기

1. 대한민국의 대통령이 일하고 생활하는 곳은 어디인가요? (　　)
   ① 백악관　　　　② 청와대

2. 청와대의 뜻은 무엇인가요? (　　)
   ① 궁　　　　　　② 푸른 기와집

3. 푸른색 기와의 뜻은 무엇인가요? (　　)
   ① 평화　　　　　② 기쁨

쓰기   모음ㅘ

도전하기

출발	걸린 시간	___분 ___초	도달	걸린 시간	___분 ___초
	틀린 어절 수	_____어절		틀린 어절 수	_____어절

08 일차
68어절

월   일

소리 내어 읽기

너무 빠르지 않게, 말하듯이 부드럽고 정확하게 읽어요.

멋진 소방관

오늘은 학교에서 일일 소방관 체험을 했어요. 구름이는 소방관이 무슨 일을 하는지 항상 궁금했어요. 학교 가는 길에 있는 소방서에서 빨갛고 큰 소방차를 여러 번 본 적이 있거든요.

소방관은 불이 났을 때 출동해서 불을 끄는 일을 해요. 물놀이를 하다가 물에 빠진 사람들도 구해 줘요. 교통사고가 났을 때, 다친 사람들을 도와줘요. 심하게 다친 사람들을 응급처치하고 병원으로 데려다주는 일도 해요. 소방관은 위험에 처한 사람들을 돕는 일을 하는 고마운 분이에요.

※ 열심히 연습하고 □안에 동그라미 표 하세요.

1. 들으며 읽기	2. 따라 읽기	3. 짝과 함께 읽기		4. 스스로 연습하기
		학생 역할	선생님 역할	

확인하기

1. 구름이는 집에서 학교에 가는 길에 무엇을 보았나요? (   )
   ① 경찰차   ② 소방차

2. 구름이는 왜 소방관이 고마운 분이라고 생각했나요? (   )
   ① 위험에 처한 사람들을 도와주셔서
   ② 새로운 약을 개발해 주셔서

3. 소방관이 하는 일은 무엇인가요? (   )
   ① 병원에서 다친 사람을 치료해 주세요.
   ② 불이 나거나 교통사고로 다친 사람을 병원으로 데려다주세요.

쓰기 모음ㅘ

ㅅ	ㅂㅏ	ㄱ
ㅗ		
	ㅇ	ㄴ

ㄷ	ㅇ	ㅇ
ㅗ		ㅠ

ㅎ	ㅈㅏ
ㄴ	

도전하기

출발	걸린 시간	___분 ___초
	틀린 어절 수	_____ 어절

도달	걸린 시간	___분 ___초
	틀린 어절 수	_____ 어절

27

09 일차
75어절

소리 내어 읽기

너무 빠르지 않게, 말하듯이 부드럽고 정확하게 읽어요.

인도의 썬다씽

인도에 썬다씽이라는 사람이 있었어요. 추운 겨울, 친구와 높은 산을 넘던 썬다씽은 쓰러져 있는 사람을 봤어요.

"친구! 저 사람을 도와주는 게 어떨까?"

"이렇게 추운 겨울에 저 사람을 도와준다고? 나는 혼자서 가겠네."

썬다씽은 쓰러져 있는 사람을 등에 업고 혼자 힘겹게 산을 넘어갔어요. 한참을 가니 혼자 살겠다고 먼저 간 친구가 보였어요. 그 친구는 길 위에 얼어 죽어 있었어요. 썬다씽은 등에 업은 사람과 온기를 나눈 덕분에 추위를 이길 수 있었어요. 쓰러져 죽어 가던 사람도 썬다씽 덕분에 살아났어요.

※ 열심히 연습하고 □안에 동그라미 표 하세요.

1. 들으며 읽기	2. 따라 읽기	3. 짝과 함께 읽기		4. 스스로 연습하기
		학생 역할	선생님 역할	

확인하기

1. 이 글의 주인공은 어느 나라 사람인가요? (   )
   ① 한국   ② 인도

2. 썬다씽은 길에 쓰러져 있는 사람을 보고 무슨 말을 했나요? (   )
   ① 친구! 저 사람을 도와주는 게 어떨까?
   ② 이렇게 추운 겨울에 저 사람을 도와준다고? 나는 혼자서 가겠네.

3. 이 글은 무슨 내용인가요? (   )
   ① 죽어 가던 사람이 썬다씽 덕분에 살았어요.
   ② 썬다씽과 친구는 죽어 가던 사람을 함께 도와줬어요.

쓰기   받침 ㄹ

도전하기

출발	걸린 시간	___ 분 ___ 초
	틀린 어절 수	_____ 어절

도달	걸린 시간	___ 분 ___ 초
	틀린 어절 수	_____ 어절

10 일차

76어절

너무 빠르지 않게, 말하듯이 부드럽고 정확하게 읽어요.

소리 내어 읽기

고마운 이웃들

우리를 도와주는 직업을 가진 고마운 이웃들이 있습니다. 경찰관, 소방관, 의사와 간호사, 우편 집배원, 환경미화원 등입니다.

경찰관은 위험한 상황에서 우리를 보호해 줍니다. 또 우리가 질서를 지키도록 도와줍니다. 소방관은 불이 난 곳으로 달려가 불을 끄고 위험에 처한 사람들을 구해 줍니다. 의사와 간호사는 우리의 아픈 곳을 찾아 치료하고 돌봐 줍니다. 우편 집배원은 필요한 물건들과 편지를 배달해 줍니다. 환경미화원은 지저분하게 떨어져 있는 길거리의 쓰레기를 깨끗하게 치워 줍니다.

이런 고마운 이웃들 덕분에 우리는 모두 행복하고 안전하게 생활할 수 있습니다.

※ 열심히 연습하고 □안에 동그라미 표 하세요.

1. 들으며 읽기	2. 따라 읽기	3. 짝과 함께 읽기		4. 스스로 연습하기
		학생 역할	선생님 역할	

확인하기

1. 지저분한 거리를 깨끗하게 치워 주는 이웃은 누구인가요? (　　)
   ① 미용사　　　　② 환경미화원

2. 아픈 곳을 찾아 치료해 주는 이웃은 누구인가요? (　　)
   ① 의사와 간호사　② 경찰관

3. 우편 집배원이 하는 일은 무엇인가요? (　　)
   ① 필요한 물건들과 편지를 배달한다.
   ② 우리가 질서를 지키도록 도와준다.

쓰기   받침 ㅅ

도전하기

출발	걸린 시간	___분 ___초	도달	걸린 시간	___분 ___초
	틀린 어절 수	_____어절		틀린 어절 수	_____어절

31

11 일차
79어절

소리 내어 읽기

너무 빠르지 않게, 말하듯이 부드럽고 정확하게 읽어요.

글자가 헷갈려

오늘 수업 시간에 좋아하는 동물을 발표했어요. 나는 그림은 잘 그리지만 글자는 늘 헷갈려요. 특히, 쓰기는 너무 어려워요. 그래도 열심히 써서 친구들 앞에서 발표했어요.

> 나는 엄두막을 조아합니다.

그런데 그때 짝꿍이 글자가 틀렸다고 큰 소리로 놀렸어요. 나는 너무 부끄러워서 숨고 싶었어요. 그때 선생님께서 말씀하셨어요.

"세상에는 글자를 헷갈리는 사람이 많아요. 그 중에서는 유명한 화가도 있고, 배우도 있고, 건축가도 있답니다."

선생님은 그 유명한 화가의 멋진 그림을 보여 주셨어요. 글자를 헷갈려 해도 이렇게 멋진 작품을 그릴 수 있다니! 왠지 모르게 위로가 되었어요.

※ 열심히 연습하고 □안에 동그라미 표 하세요.

1. 들으며 읽기	2. 따라 읽기	3. 짝과 함께 읽기		4. 스스로 연습하기
		학생 역할	선생님 역할	

확인하기

1. 주인공은 왜 부끄러웠나요? (   )
   ① 글자를 잘 못 쓴 것을 친구가 놀려서
   ② 옷을 거꾸로 입은 것을 친구가 놀려서

2. 주인공은 무엇을 잘 하나요? (   )
   ① 달리기를 잘한다.   ② 그림을 잘 그린다.

3. 선생님이 어떻게 말씀하셨나요? (   )
   ① 글자를 어려워하니까 열심히 노력해야 한다.
   ② 글자를 어려워해도 다른 것을 잘할 수 있다.

쓰기   받침 ㄹ

ㄷ	ㅁ
ㅜ	ㅜ
ㅇ	

ㅂ	ㅍ
ㅏ	ㅛ

ㅇ	ㄹ	ㅁ
ㅓ	ㅜ	ㅏ
	ㄱ	

도전하기

출발	걸린 시간	___ 분 ___ 초
	틀린 어절 수	_____ 어절

도달	걸린 시간	___ 분 ___ 초
	틀린 어절 수	_____ 어절

12 일차
80어절

월   일

소리 내어 읽기

너무 빠르지 않게, 말하듯이 부드럽고 정확하게 읽어요.

빨랫방망이와 세탁기

옛날 사람들은 어떻게 빨래를 했을까요? 개울가에 모여 빨래판 위에 빨랫감을 올려놓고 방망이로 퍽퍽 두들기며 빨래를 했습니다. 이 장소를 빨래터라고 합니다. 사람들은 빨래터에 옹기종기 모여 서로 이야기도 나누면서 빨래를 했습니다. 세제나 비누가 없었지만 방망이로 세게 두들기면 빨래 속 때가 떨어져 나갔습니다.

오늘날 사람들은 세탁기로 빨래를 합니다. 먼저, 빨랫감과 세제를 세탁기에 넣습니다. 세탁기에 물이 자동으로 들어가고 세제가 녹습니다. 그리고 세탁기 안에 있는 통이 매우 빠르게 돌아가면서 빨래 속 때가 떨어집니다.

빨랫방망이와 세탁기 모두 빨래 속 때를 없애 주는 편리한 도구입니다.

※ 열심히 연습하고 □안에 동그라미 표 하세요.

1. 들으며 읽기	2. 따라 읽기	3. 짝과 함께 읽기		4. 스스로 연습하기
		학생 역할	선생님 역할	

확인하기

1. 옛날 사람들은 어디서 빨래를 했나요? (   )
   ① 집에서   ② 빨래터에서

2. 빨랫방망이로 빨래를 두들기면 어떻게 되나요? (   )
   ① 빨래 속 때가 떨어진다.   ② 빨래가 망가진다.

3. 요즘에는 어떻게 빨래를 하나요? (   )
   ① 빨랫방망이로   ② 세탁기로

쓰기 모음ㅔ

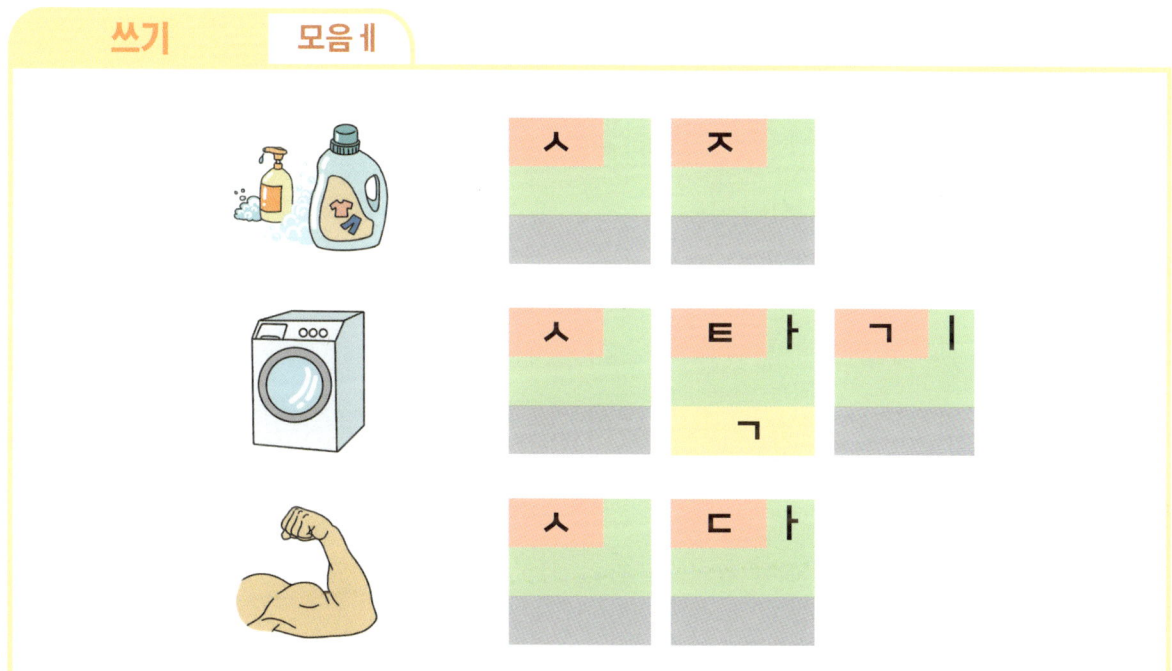

도전하기

출발	걸린 시간	___ 분 ___ 초	도달	걸린 시간	___ 분 ___ 초
	틀린 어절 수	_____ 어절		틀린 어절 수	_____ 어절

13 일차

89어절

소리 내어 읽기

너무 빠르지 않게, 말하듯이 부드럽고 정확하게 읽어요.

진정한 이웃

어느 여름날, 한 청년이 길을 가다가 강도를 만났어요. 강도는 청년의 옷을 빼앗고 청년을 때렸어요. 청년은 크게 다쳐 거의 죽어 가고 있었어요. 그때, 청년이 쓰러져 있는 길에 세 명의 이웃이 차례로 지나갔어요.

첫 번째로 한 아저씨가 길을 지나갔어요. 아저씨는 청년을 보았지만 피해서 지나쳤어요.

두 번째는 한 아주머니가 길을 지나갔어요. 아주머니도 청년을 보았지만 피해서 지나쳤어요.

세 번째는 한 외국인이 길을 지나갔어요. 외국인은 여행하는 중이었어요. 그는 청년을 불쌍히 여기고, 가까이 다가가 상처를 치료해 주었어요. 그리고 청년이 다 나을 때까지 계속 돌보아 주었어요.

이 세 명의 이웃 중 누가 진정한 이웃일까요?

※ 열심히 연습하고 □안에 동그라미 표 하세요.

1. 들으며 읽기	2. 따라 읽기	3. 짝과 함께 읽기		4. 스스로 연습하기
		학생 역할	선생님 역할	

확인하기

1. 청년은 왜 다치게 되었나요? (　　)
   ① 길을 가다가 넘어져서　　② 강도를 만나서

2. 청년이 쓰러져 있는 길에 몇 명의 이웃이 지나갔나요? (　　)
   ① 두 명　　　　　　　　② 세 명

3. 진정한 이웃은 누구라고 생각하나요? (　　)
   ① 다친 사람을 보고 지나치는 사람
   ② 다친 사람을 보고 도와주는 사람

쓰기　　모음 ㅕ

	ㅊ ㅓ	ㄴ
	ㅇ	ㄴ

	ㅇ	ㅎ ㅐ
		ㅇ

	ㅇ	ㄹ
		ㅁ

도전하기

출발	걸린 시간	___분 ___초
	틀린 어절 수	_____어절

도달	걸린 시간	___분 ___초
	틀린 어절 수	_____어절

14 일차

93어절

소리 내어 읽기

너무 빠르지 않게, 말하듯이 부드럽고 정확하게 읽어요.

다양한 미래의 직업

미래에는 어떤 다양한 직업이 있을까요?

서현이는 가상현실을 보여 주는 안경을 만드는 일을 해요. 서현이가 만든 안경을 끼면 어디든지 직접 가 있는 것처럼 여행을 할 수 있어요. 그 장소의 날씨도 바로 나타날 뿐 아니라, 지나다니는 사람들과 이야기도 나눌 수 있어요.

민준이는 드론으로 물건을 배달하는 회사를 만들었어요. 이제는 힘들게 사람이 오토바이나 자동차로 물건을 배달하지 않고 드론이 원하는 장소로 물건을 배달해요. 사람이 배달하기 힘든 외진 곳에서도 물건을 쉽게 받을 수 있어요.

유진이는 무인 자동차 감독관이에요. 운전자 없이 스스로 달리는 무인 자동차들이 도로에서 안전하게 달리고 있는지 감독해요. 만약 사고가 나면 구급대원을 보내 주기도 합니다.

※ 열심히 연습하고 □안에 동그라미 표 하세요.

1. 들으며 읽기	2. 따라 읽기	3. 짝과 함께 읽기		4. 스스로 연습하기
		학생 역할	선생님 역할	

확인하기

1. 이 글에서 말하고 있는 미래의 직업은 무엇인가요? (   )
   ① 사람이 직접 물건을 배달하는 직업
   ② 가상현실을 보여 주는 안경을 만드는 직업

2. 드론으로 물건을 배달해 주는 회사를 만든 사람은 누구인가요? (   )
   ① 민준   ② 유진

3. 운전자 없이 스스로 달리는 자동차는 무엇인가요? (   )
   ① 무인 자동차   ② 전기 자동차

쓰기 받침 ㄴ

ㄷ	ㄹ
ㅡ	ㅗ

ㅇ	ㄱ
ㅏ	ㅕ
	ㅇ

ㅂ	ㄷ
ㅏ	ㅐ

도전하기

출발	걸린 시간	___분 ___초
	틀린 어절 수	_____어절

도달	걸린 시간	___분 ___초
	틀린 어절 수	_____어절

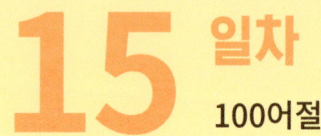

소리 내어 읽기

너무 빠르지 않게, 말하듯이 부드럽고 정확하게 읽어요.

옛날 이웃의 모습

'어기영차!' 무슨 소리일까요? 이 소리는 옛날 이웃들이 농사일하는 소리랍니다. 옛날 사람들은 왜 함께 모여 일을 했을까요?

"여럿이 일을 하니까 힘이 덜 드는군."

"이 쌀로 함께 밥을 해서 먹어야지."

여럿이 함께 일하면 일을 더 빨리 끝낼 수 있답니다. 또 함께 일하면 심심하지 않고 재미있기 때문이지요.

'으라차차!' 이 소리는 옛날 이웃들이 씨름하는 소리랍니다. 두 사람이 허리춤에 샅바를 메고 모래판 위에 섭니다. 그리고 상대방의 샅바를 꽉 잡고 다리를 걸어 상대방을 넘어트리지요.

"이번엔 누가 이길까?"

"이겨라! 이겨라!"

여러 사람이 함께 모여 씨름을 구경하고 응원합니다.

옛날 우리 조상들은 이외에도 이웃과 함께 빨래하거나 그네를 타기도 했습니다. 이웃들과 일을 하거나 함께 어울려 놀곤 했지요.

※ 열심히 연습하고 □안에 동그라미 표 하세요.

1. 들으며 읽기	2. 따라 읽기	3. 짝과 함께 읽기		4. 스스로 연습하기
		학생 역할	선생님 역할	

확인하기

1. 옛날 이웃들은 왜 함께 농사일을 했나요? (   )
   ① 함께 일하면 더 빨리 끝낼 수 있어서
   ② 농사는 혼자 할 수 없는 일이라서

2. 씨름에 대한 설명은 무엇인가요? (   )
   ① 서로 마주보고 손바닥으로 상대방을 넘어트린다.
   ② 상대방의 샅바를 잡고 다리를 걸어 넘어트린다.

3. 옛날 이웃들이 함께한 모습이 아닌 것은 무엇인가요? (   )
   ① 그네 타기   ② 컴퓨터 게임

쓰기 받침 ㅌ

| 끄 | 내 | 다 |
| ㅡ | | |

| 사 | 바 |
| | |

| 파 | 즈 |
| | ㄱ |

도전하기

출발	걸린 시간	___ 분 ___ 초
	틀린 어절 수	_____ 어절

도달	걸린 시간	___ 분 ___ 초
	틀린 어절 수	_____ 어절

형성평가

100어절

월   일

소리 내어 읽기

너무 빠르지 않게, 말하듯이 부드럽고 정확하게 읽어요.

노인의 말

옛날 중국의 어느 마을에 한 노인이 살았답니다. 어느 날 노인이 아끼던 말이 사라졌습니다. 마을 사람들은 노인을 위로했습니다. 하지만 노인은 웃으며 말했습니다.

"이 일이 좋은 일이 될지 누가 알겠소?"

며칠 후 사라졌던 말은 여러 마리의 말들을 이끌고 노인에게 나타났습니다. 마을 사람들은 노인에게 축하를 건넸습니다.

그러나 노인은 걱정하며 말했습니다.

"이 일이 나쁜 일이 될지 모를 일이오."

말을 좋아하던 노인의 아들이 말을 타다가 떨어져 다리를 절게 되었습니다. 마을 사람들은 노인을 위로했지만 노인은 걱정하지 않았습니다.

"이 일이 좋은 일이 될지 어찌 알겠소?"

1년 뒤 전쟁이 일어나 마을 청년들은 전쟁터에 나가 목숨을 잃게 되었습니다. 하지만 다리가 불편했던 노인의 아들은 죽음을 면할 수가 있었답니다.

도전하기

도전 날짜	걸린 시간	____ 분 ____ 초
____ 월 ____ 일	틀린 어절 수	____ 어절

1분당 정확하게 읽은 어절 수(WCPM) 구하는 방법	$\dfrac{\text{정확하게 읽은 어절 수}}{\text{걸린 시간(초)}} \times 60 = $ ____

형성평가

100어절

월   일

소리 내어 읽기

너무 빠르지 않게, 말하듯이 부드럽고 정확하게 읽어요.

손 씻는 방법

바깥에 다녀왔을 때나 밥 먹기 전에는 손을 깨끗이 씻어야 합니다. 손을 대충 씻으면 세균이 우리 몸을 아프게 할 수 있습니다. 그럼 어떻게 씻어야 손에 있는 세균을 없앨 수 있을까요?

먼저 비누 거품을 충분히 냅니다. 그다음 비누 거품을 손 전체에 구석구석 문질러 줍니다. 손바닥, 손가락 마디, 손가락 사이, 손등, 엄지손가락, 손톱 밑까지 꼼꼼하게 묻혀 줍니다. 비누 거품을 구석구석 잘 문질렀다면, 흐르는 물로 비누 거품을 깨끗이 씻어 냅니다. 마지막으로 손에 남아 있는 물을 수건이나 건조기로 잘 말려 줍니다.

비누가 없어도 같은 방법으로 손을 씻습니다. 흐르는 물로만 씻어도 어느 정도 세균을 없앨 수 있습니다. 손을 깨끗하게 씻는 건강한 어린이가 됩시다.

도전하기

도전 날짜	걸린 시간	___ 분 ___ 초
___ 월 ___ 일	틀린 어절 수	_____ 어절

| 1분당 정확하게 읽은 어절 수(WCPM) 구하는 방법 | $\dfrac{\text{정확하게 읽은 어절 수}}{\text{걸린 시간(초)}} \times 60 = $ _____ |

2
가을

거인국 수수께끼	가을 운동회
가을 소풍	가을 곤충
강강술래	기다림의 맛
미세먼지	장난꾸러기 해님 때문이야
잠자리 잡기	감나무를 구한 소년
송편 만들기	농부와 두 아들
추석	잊어버린 비밀 장소의 마법
나뭇잎의 비밀	형성평가

16 일차

50어절

월   일

소리 내어 읽기

너무 빠르지 않게, 말하듯이 부드럽고 정확하게 읽어요.

거인국 수수께끼

내가 그린 그림이
수수께끼가 되어 버렸다.

엄마, 이게 뭐게요?
글쎄? 그물인가?

아이참 엄마도,
잠자리 날개잖아요.

아빠, 이게 뭐게요?
이거? 부채 아니야?

아이참 아빠도,
은행잎이잖아요.

할머니, 이게 뭐게요?
어디 보자, 솥뚜껑이구나!

아이참 할머니도,
도토리 뚜껑이잖아요!

누나, 이게 뭐게?
흠, 불꽃놀이?

아이참 누나도,
밤송이잖아!

아무래도 내 마음속 가을나라는
거인국인가 보다.

※ 열심히 연습하고 □안에 동그라미 표 하세요.

1. 들으며 읽기	2. 따라 읽기	3. 짝과 함께 읽기		4. 스스로 연습하기
		학생 역할	선생님 역할	

확인하기

1. 엄마는 내가 그린 잠자리 날개를 보고 뭐라고 했나요? (   )
   ① 그물   ② 부채

2. 누나는 무엇을 보고 불꽃놀이라고 했나요? (   )
   ① 밤송이   ② 도토리

3. 내가 그린 그림을 수수께끼라고 표현한 이유가 무엇일까요? (   )
   ① 내가 그린 그림이 너무 작아서 알아보기 힘들어서
   ② 내가 그린 그림을 가족들이 바로 알아맞히지 못해서

쓰기 받침 ㅊ

※ 시를 읽을 때는 시간을 재지 않아요. 글을 읽고 잘했다고 생각한 부분에 ○표 해봅시다.

노래하듯이 읽었다.	느낌을 살려 읽었다.	띄어 읽기를 잘했다.

17 일차
75어절

월   일

소리 내어 읽기

너무 빠르지 않게, 말하듯이 부드럽고 정확하게 읽어요.

가을 소풍

　아이가 가을 소풍을 갑니다. 친구와 손잡고 가을을 만나러 갑니다. 까맣게 익은 도토리를 보며 아이가 말했습니다.
　"우와! 이것 좀 봐라. 까칠까칠 내 동생 머리카락 같네."
　아이의 머리 위로 은행잎이 살랑살랑, 단풍잎은 한들한들, 잠자리는 빙글빙글 날아다닙니다.
　"가을은 날개도 없는데 훨훨 날아다니네."
　가을의 모양을 손으로 따라 해 봅니다.
　한 걸음 빠삭빠삭, 두 걸음 사각사각, 세 걸음 부스럭부스럭. 한 걸음씩 걸을 때마다 새로운 가을의 소리가 들려옵니다.
　"가을은 입도 없는데 몰래몰래 말을 하네."
　가을의 소리를 귀 기울여 들어봅니다.

※ 열심히 연습하고 □안에 동그라미 표 하세요.

1. 들으며 읽기	2. 따라 읽기	3. 짝과 함께 읽기		4. 스스로 연습하기
		학생 역할	선생님 역할	

확인하기

1. 아이는 누구와 함께 소풍을 갔나요? (　　)
   ① 동생　　　② 친구

2. 가을의 모양을 흉내 낸 말은 무엇인가요? (　　)
   ① 팔랑팔랑　　　② 부스럭부스럭

3. 가을의 소리를 듣고 아이는 무슨 말을 했나요? (　　)
   ① "가을은 입도 없는데 몰래몰래 말을 하네."
   ② "까칠까칠 내 동생 머리카락 같네."

쓰기   받침 ㅇ

도전하기

출발	걸린 시간	___분 ___초	도달	걸린 시간	___분 ___초
	틀린 어절 수	_____어절		틀린 어절 수	_____어절

18 일차
75어절

월 일

소리 내어 읽기

너무 빠르지 않게, 말하듯이 부드럽고 정확하게 읽어요.

강강술래

강강술래는 추석에 하는 우리나라의 민속놀이이다.

추석날 밤이 되면 여자들이 모여 손에 손을 잡고 둥근 원을 만든다. 그리고 '강강술래'라는 노래를 부르며 빙글빙글 돌면서 뛴다. 강강술래는 어떻게 만들어졌을까?

옛날 우리나라에는 왜군이 자주 쳐들어왔다. 이순신 장군은 왜군을 물리칠 지혜로운 방법을 생각해 냈다. 바로, 여자들을 모아 남자 옷을 입히고 빙글빙글 돌게 하는 것이다. 멀리서 이 모습을 본 왜군들은 우리나라의 군사가 많은 줄 알고 달아나 버렸다고 한다.

이 승리를 기념하기 위해 노래를 부르며 즐기던 것이 오늘날의 '강강술래'가 된 것이다.

*왜군 = 일본의 군대

※ 열심히 연습하고 □안에 동그라미 표 하세요.

1. 들으며 읽기	2. 따라 읽기	3. 짝과 함께 읽기		4. 스스로 연습하기
		학생 역할	선생님 역할	

확인하기

1. 강강술래는 언제 하는 놀이인가요? (   )
   ① 설날   ② 추석

2. 강강술래는 어떻게 하나요? (   )
   ① 두 명이 마주 보고 손뼉을 친다.
   ② 원을 만들고 강강술래 노래를 부르며 빙글빙글 돌면서 뛴다.

3. 강강술래는 어떻게 만들어졌나요? (   )
   ① 왜군이 쳐들어오는 것을 막기 위해서
   ② 장기자랑에 나가기 위해서

쓰기 받침 ㅂ

 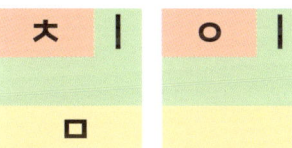

도전하기

출발	걸린 시간	___분 ___초	도달	걸린 시간	___분 ___초
	틀린 어절 수	_____어절		틀린 어절 수	_____어절

19 일차
77어절

월 일

소리 내어 읽기

너무 빠르지 않게, 말하듯이 부드럽고 정확하게 읽어요.

미세먼지

찬이는 오늘도 놀이터에 나가지 못합니다. 미세먼지가 많은 날이기 때문이지요. 미세먼지가 많으면 왜 밖으로 나가지 못할까요?

미세먼지는 우리 몸을 아프게 만들기 때문입니다. 미세먼지는 눈에 보이지 않을 만큼 아주 작아서 우리 몸에 들어가기 쉽습니다. 이렇게 몸속에 들어온 미세먼지는 여러 가지 병을 일으킵니다.

그럼 미세먼지로부터 우리 몸을 지키려면 어떻게 해야 할까요? 우선, 집 밖으로 나가기 전에 텔레비전이나 인터넷으로 미세먼지가 얼마나 있는지 확인합니다. 만약 미세먼지가 심하면 바깥 활동을 하지 않습니다. 어쩔 수 없이 집 밖으로 나가야 한다면 꼭 마스크를 씁니다.

※ 열심히 연습하고 □안에 동그라미 표 하세요.

1. 들으며 읽기	2. 따라 읽기	3. 짝과 함께 읽기		4. 스스로 연습하기
		학생 역할	선생님 역할	

확인하기

1. 찬이는 왜 놀이터에 나가지 못했나요? (　　)
   ① 미세먼지가 없는 날이어서
   ② 미세먼지가 많은 날이어서

2. 미세먼지가 많으면 왜 밖으로 나가지 못할까요? (　　)
   ① 미세먼지가 많으면 어두워서
   ② 미세먼지가 우리 몸을 아프게 해서

3. 미세먼지가 심한 날 바깥에 나가려면 어떻게 해야 하나요? (　　)
   ① 마스크를 쓴다.　　② 우산을 쓴다.

쓰기 모음ㅔ

   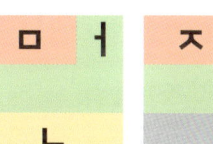

   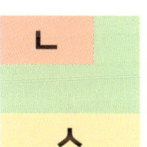

  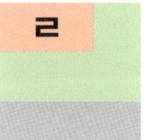 

도전하기

출발	걸린 시간	___분 ___초	도달	걸린 시간	___분 ___초
	틀린 어절 수	_____어절		틀린 어절 수	_____어절

20 일차
80어절

월　　일

소리 내어 읽기

너무 빠르지 않게, 말하듯이 부드럽고 정확하게 읽어요.

잠자리 잡기

　야호! 가을이다! 낙엽 놀이, 가을 소풍, 추석…. 그중에서도 가장 가을이 신나는 이유는 바로 잠자리 잡기 때문이다. 친구들과 함께 잠자리를 잡으러 동네 한 바퀴를 돌았다.
　'내가 제일 먼저 잡아야지!'
　하늘 높이 떠 있던 잠자리가 살포시 나뭇가지에 앉았다.
　'쉿! 잠자리가 모르게 다가가야지.'
　까치발로 총총, 살금살금 다가가 잠자리 날개를 슬그머니 잡으려는데 잠자리가 동그란 눈을 이리저리 굴리다가 도망갔다.
　'에잇, 아쉬워.'
　그때, 위풍당당하게 걸어오는 한 친구 녀석, 그 녀석 손에는 빨간 고추잠자리가 떡하니 있다.
　"우와! 잠자리다!"
　친구는 내 손에 빨간 고추잠자리를 쥐여 주었다.

※ 열심히 연습하고 □안에 동그라미 표 하세요.

1. 들으며 읽기	2. 따라 읽기	3. 짝과 함께 읽기		4. 스스로 연습하기
		학생 역할	선생님 역할	

확인하기

1. 주인공이 가을을 신나하는 이유는 무엇인가요? (　　)
   ① 잠자리 잡기　　② 추석

2. 주인공이 왜 아쉬워했나요? (　　)
   ① 잠자리를 1등으로 못 잡아서
   ② 잠자리를 잡으려다가 놓쳐서

3. 친구는 잠자리를 잡은 후 어떻게 했나요? (　　)
   ① 주인공에게 자랑을 했다.
   ② 주인공에게 잠자리를 쥐여 주었다.

쓰기　　모음 ㅟ

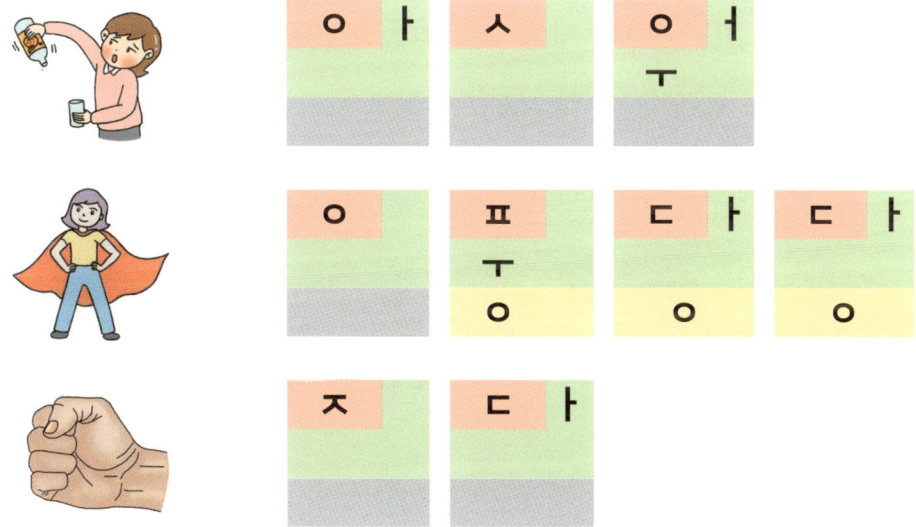

도전하기

출발	걸린 시간	___ 분 ___ 초
	틀린 어절 수	_____ 어절

도달	걸린 시간	___ 분 ___ 초
	틀린 어절 수	_____ 어절

21 일차
80어절

소리 내어 읽기

너무 빠르지 않게, 말하듯이 부드럽고 정확하게 읽어요.

송편 만들기

송편은 추석에 먹는 떡이다. 조상들은 한해 중 가장 풍성한 가을이 되면 송편을 나누어 먹었다. 송편 안에는 깨, 팥, 콩, 밤 등의 재료를 넣는다. 송편 안에 넣는 재료를 소라고 부른다. 송편은 예쁘게 빚어 싱싱한 솔잎과 함께 찐다. 그래서 송편이란 이름도 '소나무 송(松)'자를 따서 지어졌다. '송편'을 만드는 방법은 다음과 같다.

첫째, 쌀가루에 소금과 물을 섞어 반죽을 만든다.
둘째, 송편에 넣을 소를 준비한다.
셋째, 반죽을 동그랗게 빚고 엄지손가락으로 누른다.
넷째, 반죽 안에 소를 넣고 반달 모양으로 접는다.
다섯째, 냄비에 솔잎을 깔고 그 위에 송편을 올려 찐다.

*솔잎 = 소나무 잎

※ 열심히 연습하고 □안에 동그라미 표 하세요.

1. 들으며 읽기	2. 따라 읽기	3. 짝과 함께 읽기		4. 스스로 연습하기
		학생 역할	선생님 역할	

확인하기

1. 송편은 언제 먹는 음식인가요? (　　)
   ① 설날　　　　② 추석

2. 송편 안에 넣는 재료를 무엇이라 부르나요? (　　)
   ① 소　　　　② 양념

3. 송편의 이름이 붙여진 이유는 무엇인가요? (　　)
   ① 이름이 송 씨인 사람이 처음 만들어서
   ② 소나무 송(松) 자를 따서

쓰기　모음ㅛ

도전하기

출발	걸린 시간	___분 ___초	도달	걸린 시간	___분 ___초
	틀린 어절 수	_____어절		틀린 어절 수	_____어절

22 일차
81어절

소리 내어 읽기 너무 빠르지 않게, 말하듯이 부드럽고 정확하게 읽어요.

추석

추석은 우리나라의 큰 명절로, 음력 8월 15일이에요. 한가위 또는 가위, 가윗날이라고도 해요. 추석이 되면 추수한 곡식과 온갖 과일이 풍성해요. 그래서 추석에는 가족이 함께 모여 맛있는 음식을 지어 먹고 즐겁게 놀아요. 토란국과 송편은 대표적인 추석 음식이에요. 추석에 많이 하는 놀이에는 강강술래와 씨름이 있어요.

추석에는 집안의 돌아가신 분들을 생각하며 제사를 지내거나 추도예배를 드려요. 조상의 무덤을 찾아가 풀을 베고 돌보는 성묘도 해요.

추석에는 밝고 큰 보름달이 떠요. 그래서 저녁에 밖에 나가 달이 뜨기를 기다리는 달맞이를 해요. 달맞이를 하면서 달에게 소원을 빌기도 해요.

※ 열심히 연습하고 □안에 동그라미 표 하세요.

1. 들으며 읽기	2. 따라 읽기	3. 짝과 함께 읽기		4. 스스로 연습하기
		학생 역할	선생님 역할	

확인하기

1. 추석을 부르는 또 다른 말은 무엇인가요? (   )
   ① 한가위   ② 단오

2. 추석에 많이 먹는 음식은 무엇인가요? (   )
   ① 떡국   ② 토란국

3. 조상의 무덤을 찾아가 풀을 베고 돌보는 것을 무엇이라고 하나요? (   )
   ① 성묘   ② 제사

쓰기   모음 ㅐ

도전하기

출발	걸린 시간	___ 분 ___ 초	도달	걸린 시간	___ 분 ___ 초
	틀린 어절 수	_____ 어절		틀린 어절 수	_____ 어절

23 일차
83어절

월   일

소리 내어 읽기

너무 빠르지 않게, 말하듯이 부드럽고 정확하게 읽어요.

나뭇잎의 비밀

무더운 여름이 지나고 선선한 바람이 불기 시작하는 가을이 되었습니다. 녹색이었던 나뭇잎이 빨갛게, 노랗게 변했습니다. 이렇게 나뭇잎의 색이 변하는 것을 '단풍'이라고 합니다.

봄과 여름 동안 녹색이었던 나뭇잎에 왜 단풍이 드는 걸까요? 나뭇잎 안에는 여러 가지 색소들이 있습니다. 우리 눈에 나뭇잎이 초록색으로 보이는 이유는 엽록소가 많이 있기 때문입니다. 나뭇잎 안에 있는 엽록소는 낮은 온도에 약해서 선선한 가을이 되면 양이 점점 적어집니다. 그래서 우리 눈에 띄지 않았던 노란색이나 빨간색 색소가 더 잘 보이게 됩니다. 이 색소가 바로 가을만 되면 알록달록 색이 변하는 나뭇잎의 비밀입니다.

*엽록소 = 식물의 녹색색소

※ 열심히 연습하고 □안에 동그라미 표 하세요.

1. 들으며 읽기	2. 따라 읽기	3. 짝과 함께 읽기		4. 스스로 연습하기
		학생 역할	선생님 역할	

확인하기

1. 녹색 나뭇잎이 빨간색, 노란색으로 변하는 것을 무엇이라고 하나요? (   )
   ① 단풍   ② 염색

2. 나뭇잎이 초록색으로 보이는 이유는 무엇인가요? (   )
   ① 엽록소가 많이 있어서   ② 녹색 빛을 많이 받아서

3. 가을에 나뭇잎에 단풍이 드는 이유는 무엇인가요? (   )
   ① 엽록소의 양이 점점 줄어들어서
   ② 온도가 높아져서

쓰기   받침 ㅎ

도전하기

출발	걸린 시간	___ 분 ___ 초
	틀린 어절 수	_____ 어절

도달	걸린 시간	___ 분 ___ 초
	틀린 어절 수	_____ 어절

24 일차
91어절

월   일

소리 내어 읽기

너무 빠르지 않게, 말하듯이 부드럽고 정확하게 읽어요.

가을 운동회

　오늘은 우리 학교에서 신나는 가을 운동회가 열렸다. 나는 청팀이었다. 첫 번째 경기는 콩주머니 넣기였다. 운동장 가운데 서 있는 피에로의 옷 속에 콩주머니를 많이 집어넣으면 된다. 콩주머니 때문에 피에로가 점점 뚱뚱해져서 웃음이 났다.

　다음은 달리기였다. 단짝친구 수연이가 나랑 같이 달리게 되었다. 수연이가 나보다 빨리 출발했다. 열심히 뒤따라가고 있는데 응원해 주는 친구들 목소리가 들렸다.

　"김사랑! 잘한다! 힘내라!"

　나는 끝까지 열심히 달렸고 수연이의 뒤를 이어 2등을 했다. 가슴이 터질 듯 숨차게 달리는 기분이 참 좋았다.

　마지막 경기인 이어달리기는 청팀이 승리했다. 우리 팀은 트로피를 받았다. 모두가 끝까지 열심히 해서 참 기분 좋은 날이었다.

※ 열심히 연습하고 □안에 동그라미 표 하세요.

1. 들으며 읽기	2. 따라 읽기	3. 짝과 함께 읽기		4. 스스로 연습하기
		학생 역할	선생님 역할	

확인하기

1. 콩주머니 넣기 경기는 어떻게 하나요? (　　)
   ① 피에로 옷에 콩주머니를 많이 집어넣는다.
   ② 콩주머니를 던져 박을 터뜨린다.

2. 이어달리기 경기를 이긴 팀은 누구인가요? (　　)
   ① 청팀　　　　　　② 백팀

3. 사랑이는 왜 기분이 좋았다고 했나요? (　　)
   ① 끝까지 열심히 해서　　② 달리기 1등을 해서

쓰기 — 받침ㅆ

지나간 일을 말할 때 'ㅆ'받침을 써요.

도전하기

출발	걸린 시간	___분 ___초		도달	걸린 시간	___분 ___초
	틀린 어절 수	_____어절			틀린 어절 수	_____어절

25 일차
91어절

소리 내어 읽기

너무 빠르지 않게, 말하듯이 부드럽고 정확하게 읽어요.

가을 곤충

가을을 대표하는 잠자리는 단풍 사이를 소리 없이 날아다녀요. 우리나라에만 백 종류가 넘는 잠자리가 있다고 해요. 잠자리는 머리를 이리저리 돌릴 수 있어요.

사마귀는 녹색이나 갈색을 띠며, 가을 풀밭에서 볼 수 있어요. 앞다리가 낫처럼 구부러져 있어 먹이를 잡기에 편리해요.

귀뚜라미는 주로 풀밭이나 뜰 안에 살아요. 알의 상태로 겨울을 나지요. 날개를 이용해서 소리를 내고 귀가 앞다리에 있어요.

꼽등이는 몸의 등 부분이 굽어 있어 꼽등이라고 불러요. 햇빛을 싫어하여 어두운 곳에 살지요. 긴 더듬이와 다리가 있어 생김새가 귀뚜라미와 비슷해요. 하지만 날개가 없어 소리를 내지는 못해요.

쉿, 잠깐만요. 보름달 아래에서 가만히 숨어있는 가을 곤충을 찾아볼까요?

※ 열심히 연습하고 □안에 동그라미 표 하세요.

1. 들으며 읽기	2. 따라 읽기	3. 짝과 함께 읽기		4. 스스로 연습하기
		학생 역할	선생님 역할	

확인하기

1. 사마귀의 앞다리가 낫처럼 생겨서 편리한 점은 무엇인가요? (   )
   ① 알의 상태로 겨울나기   ② 먹이 잡아먹기

2. 갈색이나 녹색의 몸 빛깔을 가진 곤충은 무엇인가요? (   )
   ① 고추잠자리   ② 사마귀

3. 꼽등이가 소리를 내지 못하는 이유는 무엇인가요? (   )
   ① 햇빛을 싫어하기 때문에
   ② 날개가 없기 때문에

쓰기   받침 ㅇ

도전하기

출발	걸린 시간	___분 ___초	도달	걸린 시간	___분 ___초
	틀린 어절 수	_____어절		틀린 어절 수	_____어절

26 일차
96어절

소리 내어 읽기

너무 빠르지 않게, 말하듯이 부드럽고 정확하게 읽어요.

기다림의 맛

가을이 되면 마당 끝 감나무에는 감이 주렁주렁 열려요. 지난 금요일 할아버지께서 장대로 감을 따 주셨어요. 할머니께서 나무에서 떨어진 감을 주우시며 말씀하셨어요.

"지금 이 딱딱한 감이 며칠 뒤엔 요술처럼 부드러워 질게야."

하룻밤, 이틀 밤 기다리는 시간이 너무나 길었어요. 삼 일째가 되던 날 아침, 할머니께서는 잘 익은 감과 숟가락을 챙겨와 주셨어요.

"지금이 제일 맛있을 게다. 숟가락으로 떠먹어보렴."

할머니의 말씀은 딱 맞았어요. 부드러워진 홍시는 그 어떤 아이스크림보다도 부드럽고 달콤한 맛이 났어요.

홍시를 다 먹고 난 뒤, 익지 않은 감을 모아서 처마 끝에 주렁주렁 달았어요. 곶감을 만들기 위해서예요. 쫄깃한 곶감을 먹을 날이 손꼽아 기다려져요.

'곶감아, 어서 빨리 익어라!'

※ 열심히 연습하고 □안에 동그라미 표 하세요.

1. 들으며 읽기	2. 따라 읽기	3. 짝과 함께 읽기		4. 스스로 연습하기
		학생 역할	선생님 역할	

확인하기

1. 할아버지가 따 주신 감을 왜 바로 먹지 않았나요? (   )
   ① 사실 감을 안 좋아해서   ② 부드러워지기를 기다리느라고

2. 할머니께서 숟가락을 챙겨 오신 이유는 무엇인가요? (   )
   ① 잘 익은 감을 떠먹어 보라고
   ② 아침밥을 안 먹어서

3. 글의 제목이 왜 '기다림의 맛'일까요? (   )
   ① 홍시와 곶감처럼 기다렸다 먹는 감의 맛이 더욱 맛있어서
   ② 시골에 계신 할머니를 기다리는 마음 때문에

쓰기   받침 ㅁ

ㄱ	ㅏ

ㅇ	ㅏ		ㅊ	ㅣ

ㅁ	ㅏ		ㅆ
ㄹ			ㅡ

도전하기

출발	걸린 시간	___분 ___초	도달	걸린 시간	___분 ___초
	틀린 어절 수	_____어절		틀린 어절 수	_____어절

27 일차
100어절

소리 내어 읽기

너무 빠르지 않게, 말하듯이 부드럽고 정확하게 읽어요.

장난꾸러기 해님 때문이야

"야호! 다 왔다!"

아빠와 함께 산에 왔어요. 정상에 오르니 맞은편에 있는 큰 산이 한눈에 들어왔어요. 울긋불긋하게 단풍이 든 모습이 아주 예뻤어요. 나는 문득 떠오른 생각을 아빠에게 얘기했어요.

"아빠, 가을 하늘에는 장난꾸러기 해님이 사는 것 같아요."

"왜?"

"들어보세요, 하루는 장난꾸러기 해님이 무지개색 물감을 왕창 쏟아 버린 거예요."

"그럼 어떡하지? 세상이 물감 범벅이 될 텐데?"

"괜찮아요, 착한 바람이 도와줬을 거예요. 물감이 땅으로 떨어지기 전에 구름들에게 물감을 날라 줬겠죠."

"구름한테는 왜?"

"구름들은 비를 내려 주잖아요! 물감을 받고 신이 나서 나무랑 꽃들을 찾아다니면서 색깔 비를 뿌려 줬을 거예요."

"아하, 그래서 가을 산이 알록달록하구나."

역시, 내 생각을 찰떡같이 알아주는 아빠가 참 좋아요.

※ 열심히 연습하고 □안에 동그라미 표 하세요.

1. 들으며 읽기	2. 따라 읽기	3. 짝과 함께 읽기		4. 스스로 연습하기
		학생 역할	선생님 역할	

확인하기

1. 아빠와 내가 산 정상에서 본 것은 무엇인가요? (   )
   ① 울긋불긋하게 든 단풍   ② 푸르게 우거진 산

2. 나는 가을 하늘에 무엇이 사는 것 같다고 생각했나요? (   )
   ① 장난꾸러기 해님   ② 장난꾸러기 바람

3. 나는 가을 산이 알록달록한 이유가 뭐라고 생각했나요? (   )
   ① 바람이 물감을 칠해 줘서
   ② 구름이 색깔 비를 내려 줘서

쓰기   받침 ㄹ

범 벗
  ㅁ

찰 떡
  ㄹ

알 록 달 록
 ㄹ   ㄹ

도전하기

출발	걸린 시간	___분 ___초
	틀린 어절 수	_____어절

도달	걸린 시간	___분 ___초
	틀린 어절 수	_____어절

28 일차
98어절

월   일

소리 내어 읽기

너무 빠르지 않게, 말하듯이 부드럽고 정확하게 읽어요.

감나무를 구한 소년

소년이 소나기를 흠뻑 맞고 집으로 돌아왔습니다.

"아버지, 비 오는 것을 미리 아는 방법이 없을까요?"

"개미가 이사하거나 제비가 땅 가까이 날면 큰비가 온다는 말이 있지."

아버지의 말씀을 마음에 새겨 두었습니다.

며칠 뒤, 소년은 나무 위로 줄을 지어 올라가는 개미 떼를 보고 감나무 주인인 옆집 아저씨를 찾아갔습니다.

"개미 떼가 이동하는 것을 보니 큰비가 올 것 같습니다."

아저씨는 감나무들이 쓰러지지 않도록 버팀목을 세워 주었습니다. 잠시 후, 세찬 비바람이 몰아치기 시작하였습니다. 감나무들은 버팀목 덕분에 비바람에도 쓰러지지 않았습니다.

그 일로 소년은 배운 것을 활용하여 사람들에게 도움을 주는 것이 소중하다는 것을 알았습니다. 이 소년이 바로 조선 시대 유명한 학자인 정약용 선생입니다.

※ 열심히 연습하고 □안에 동그라미 표 하세요.

1. 들으며 읽기	2. 따라 읽기	3. 짝과 함께 읽기		4. 스스로 연습하기
		학생 역할	선생님 역할	

확인하기

1. 소년은 큰비가 올 것을 어떻게 알았나요? (   )
   ① 소나기를 흠뻑 맞고   ② 개미 떼가 이동하는 것을 보고

2. 비바람 속에서도 감나무들이 쓰러지지 않은 이유는 무엇인가요? (   )
   ① 나무 위로 개미 떼가 올라가서
   ② 버팀목을 세워 주어서

3. 감나무를 구한 일을 통해 소년은 무엇을 배웠나요? (   )
   ① 배운 것으로 사람들을 돕는 것이 소중하다.
   ② 비바람이 몰아치면 감나무가 쓰러진다.

쓰기   모음 ㅔ

ㄱ ㅐ	ㅁ ㅣ	ㄸ

ㅈ	ㅂ ㅣ

ㅅ	ㄷ ㅏ

도전하기

출발	걸린 시간	___분 ___초	도달	걸린 시간	___분 ___초
	틀린 어절 수	_____어절		틀린 어절 수	_____어절

29 일차
111어절

월   일

소리 내어 읽기

너무 빠르지 않게, 말하듯이 부드럽고 정확하게 읽어요.

농부와 두 아들

나이 든 부자 농부가 죽기 전에 두 아들을 불렀어요.

"얘들아, 내 말을 잘 들어라. 내가 죽어도 이 땅을 떠나지 말거라. 이 땅의 어딘가에 보물이 숨겨져 있단다. 힘을 아끼지 말고 땅을 부지런히 파 보아라. 분명히 보물을 찾을 거야."

아버지가 세상을 떠나자 두 아들은 온 힘을 다해 땅을 파기 시작했어요. 하지만 숨겨진 보물을 찾지 못해 실망했어요.

"형, 정말 보물이 있긴 한 걸까? 아무리 찾아도 안 보이잖아."

"아버지께서 분명히 찾을 거라고 하셨어. 우리 조금 더 힘내 보자."

두 아들은 포기하지 않고 땅을 파고 가꾸는 일을 계속했어요. 가을이 되어 수확한 곡식을 보며 그들은 깨달았어요.

"형! 아버지께서 말씀하신 보물은 풍성한 곡식이었어."

"맞아, 보물은 바로 우리가 열심히 일해서 얻을 수 있는 거였어."

※ 열심히 연습하고 □안에 동그라미 표 하세요.

1. 들으며 읽기	2. 따라 읽기	3. 짝과 함께 읽기		4. 스스로 연습하기
		학생 역할	선생님 역할	

확인하기

1. 농부는 죽기 전 두 아들에게 어떤 말을 했나요? (   )
   ① 내 땅에 보물이 숨겨져 있으니 부지런히 파 보아라.
   ② 집에 있는 금고에 보물이 있으니 열어 보아라.

2. 아버지가 말한 보물은 무엇이었나요? (   )
   ① 풍성한 곡식   ② 황금

3. 보물은 어떻게 해서 얻을 수 있었나요? (   )
   ① 열심히 일해서   ② 형제와 사이좋게 지내서

쓰기 받침ㄷ

도전하기

출발	걸린 시간	___분 ___초	도달	걸린 시간	___분 ___초
	틀린 어절 수	_____어절		틀린 어절 수	_____어절

30 일차
113어절

소리 내어 읽기

너무 빠르지 않게, 말하듯이 부드럽고 정확하게 읽어요.

잊어버린 비밀 장소의 마법

도토리산에 사는 다람이는 아침을 좋아해요. 밤 사이 맛있는 도토리가 많이 떨어지기 때문이에요. 아침마다 도토리를 주워서 땅속 비밀 장소에 모아 놓는답니다.

청설이는 다람이의 가장 친한 친구예요. 둘은 나무타기, 도토리 줍기, 밤까기 놀이를 하면서 매일 같이 재미있게 놀았어요.

어느 날, 청설이와 놀던 다람이가 갑자기 울먹이기 시작했어요.

"어, 어쩌지? 내가 도토리를 모아둔 장소가 어딘지 잊어버렸어."

"다람아, 울지마. 우리 할머니께서 그러셨는데, 잊어버린 비밀 장소에는 요정이 찾아온대."

"요정이?"

"응! 요정이 마법 가루를 뿌리면, 거기에서 나무가 자라난다고 했어."

"우와, 정말?"

"응. 다람이 네가 묻어놓은 곳에서도 분명 생명이 싹트게 될 거야. 그러니 너무 슬퍼하지 마! 내가 다시 도토리 줍는 걸 도와줄게!"

"응, 고마워 청설아."

다람이는 다시 환하게 웃었어요. 어디에선가 싹이 터서 무럭무럭 자라날 도토리나무를 생각하면서 말이에요.

※ 열심히 연습하고 □안에 동그라미 표 하세요.

1. 들으며 읽기	2. 따라 읽기	3. 짝과 함께 읽기		4. 스스로 연습하기
		학생 역할	선생님 역할	

확인하기

1. 다람이가 아침을 좋아하는 까닭은 무엇인가요? (   )
   ① 청설이와 재미있게 놀 수 있어서
   ② 도토리를 많이 주울 수 있어서

2. 다람이가 울먹인 이유는 무엇인가요? (   )
   ① 요정이 마법 가루를 뿌려서
   ② 도토리를 모아둔 장소를 잊어버려서

3. 잊어버린 비밀 장소에서는 어떤 마법이 일어난다고 했나요? (   )
   ① 나무가 자라난다.   ② 도토리가 많아진다.

쓰기   받침ㅈ

이	다
차	다
마	다

도전하기

출발	걸린 시간	___분 ___초	도달	걸린 시간	___분 ___초
	틀린 어절 수	_____어절		틀린 어절 수	_____어절

형성평가

100어절

월 일

소리 내어 읽기

너무 빠르지 않게, 말하듯이 부드럽고 정확하게 읽어요.

딸꾹질 개구리

"딸꾹!"
이상해요. 목에서 제멋대로 소리가 나고 팔딱거려요.
"너 혼자 맛있는 것 먹었지?"
누나가 말했어요. 아까 누나 몰래 초콜릿을 먹었는데, 그것 때문일까요?
"혼자서 뭐 몰래 먹으면 그게 뱃속에서 개구리가 된대~!"
"거짓말! 딸꾹!"
딸꾹질이 멈추지 않아요. 누나 말이 진짜일까 봐 조금 걱정이 돼요.
"개구리야, 이제 맛있는 건 같이 먹을게. 그만 나가 줘."
그때였어요. 갑자기 목에 차가운 느낌이 들었어요. 뱀 한 마리가 시뻘건 혀를 내밀고 내 목 위를 기어오르고 있었어요.
"으악! 뭐야!"
너무 놀라 소리를 지르며 돌아봤는데, 누나가 장난감 뱀을 들고 키득거리면서 서 있었어요.
"개구리 쫓아내는 데는 뱀이 최고지."
누나가 얄미워요. 어? 그런데 이제 딸꾹질이 나지 않아요.
야호! 딸꾹질 개구리, 안녕!

도전하기

도전 날짜	걸린 시간	___분 ___초
___월 ___일	틀린 어절 수	___어절

1분당 정확하게 읽은 어절 수(WCPM) 구하는 방법	$\dfrac{\text{정확하게 읽은 어절 수}}{\text{걸린 시간(초)}}$ X 60 = _____

형성평가

100어절

월   일

소리 내어 읽기

너무 빠르지 않게, 말하듯이 부드럽고 정확하게 읽어요.

우리 몸의 신호, 하품

　영균이는 책만 보면 자꾸 졸리고 하품이 나와서 고민이에요. 운동장에서 축구를 할 때는 안 나오는데 수업 시간만 되면 계속 하품이 나와요. 입이 쩍 벌어지면서 '아~함' 하고 하품을 하면 슬프지도 않은데 눈에 눈물까지 찔끔 고여요. 영균이가 하품하면 짝꿍도 따라서 하품을 해요. 우리는 왜 하품을 하는 걸까요?

　하품은 우리 몸이 보내는 신호예요. 하품이 나오는 이유는 여러 가지예요. 하품은 졸리거나 힘들거나 배가 부를 때 저절로 입이 벌어지면서 쉬는 깊은숨이에요. 특히 교실이나 방이 답답할 때, 스트레스를 받을 때, 피곤할 때 하품이 나와요. 하품할 때 얼굴 근육이 늘어나면서 숨을 크게 마시게 되어 기분이 조금 상쾌해져요. 하품은 우리 몸이 쉬도록 도와주는 자연스러운 신호예요.

도전하기

도전 날짜	걸린 시간	____ 분 ____ 초
____ 월 ____ 일	틀린 어절 수	____ 어절

1분당 정확하게 읽은 어절 수(WCPM) 구하는 방법	$\dfrac{\text{정확하게 읽은 어절 수}}{\text{걸린 시간(초)}}$ X 60 = ____

선생님용 부록

선생님용 부록

이 교재를 활용하기 전에, 학생의 읽기 수준이 어느 정도인지 아는 것은 매우 중요합니다. 출발점을 알기 위한 부록 활용법은 다음과 같습니다.

1. 다음 장에 제시된 사전평가(이야기글과 설명글)를 소리 내어 읽도록 합니다.

2. 걸린 시간과 정확하게 읽은 어절 수를 아래 <점검표>에 적어 주세요.

3. 한 영역이 끝날 때마다 형성평가 2종(이야기글, 설명글)을 실시합니다.

4. 교재를 다 마친 후 사전평가와 같은 글을 소리 내어 읽어 봅니다.

5. 성장한 아동에게 큰 격려와 칭찬을 해 주세요.

6. 평가를 위한 참고 기준

    1~2학년 학년말(12월)을 기준으로 1분당 정확하게 읽은 어절 수(WCPM)는 다음과 같습니다.

수준	최소 수준	보통 수준
1학년	47~52어절	58~63어절
2학년	57~62어절	70~75어절

※ 참고: 최소 수준 이하는 읽기 부진의 가능성이 높아 집중적인 읽기 지도가 필요합니다.

점검표

평가	날짜	갈래	제목	걸린 시간	정확하게 읽은 어절 수	1분 동안 정확하게 읽은 어절 수
사전	/	이야기글	이 뽑은 날	분 초		
	/	설명글	깨끗한 물	분 초		
형성	/	이야기글	노인의 말	분 초		
	/	설명글	손 씻는 방법	분 초		
	/	이야기글	딸꾹질 개구리	분 초		
	/	설명글	우리 몸의 신호, 하품	분 초		
사후	/	이야기글	이 뽑은 날	분 초		
	/	설명글	깨끗한 물	분 초		

※ **참고:** 아동이 100어절의 글감을 끝까지 읽기 어려워하면 <제한 시간을 1분으로 두고> 평가할 수 있습니다.

사전·사후 이야기글

교사용   "시작!"이라고 하면 제목부터 읽게 합니다. 제한 시간은 1분입니다.

이 뽑은 날

어느 날 앞니를 만지자 앞뒤로 왔다 갔다 흔들렸어요. 어머니께서 웃으며 말씀하셨어요.

"준수가 어른이 되어 가고 있구나. 어릴 때의 이를 젖니라고 하는데, 젖니가 빠지면 간니가 난단다."

앞니가 많이 흔들려서 치과에 갔어요. 잇몸에 마취를 한 후에 이를 뽑았어요. 쑤욱-. 이가 빠지면서 시원한 느낌이 들었는데 아프지 않았어요. 의사 선생님께서는 뽑은 치아를 돌려 주시며 말씀하셨어요.

"우리 준수, 아주 용감하구나. 앞으로 새로 나오는 이가 썩지 않도록 양치질을 잘 해야 한다."

집에 돌아온 후, 어머니께서는 넓은 마당에서 지붕을 향해 바라보며 말씀하셨어요.

"까치야, 까치야, 헌 이 줄게. 새 이 다오."

그리고 뽑은 이를 지붕 위로 던지셨어요. 이렇게 하면 까치가 새 이가 잘 나오도록 도와준대요.

3
12
14
24
28
37
46
53
54
64
68
77
78
86
96
100

사전 평가	평가일: 월 일	사후 평가	평가일: 월 일
걸린 시간	_____ 분 _____ 초	걸린 시간	_____ 분 _____ 초
정확도	100 - [틀린 어절 수_____ 어절] = _____ %	정확도	100 - [틀린 어절 수_____ 어절] = _____ %

1분당 정확하게 읽은 어절 수(WCPM) 구하는 방법	$\dfrac{\text{정확하게 읽은 어절 수}}{\text{걸린 시간(초)}} \times 60 =$ _____

이 뽑은 날

어느 날 앞니를 만지자 앞뒤로 왔다 갔다 흔들렸어요. 어머니께서 웃으며 말씀하셨어요.

"준수가 어른이 되어 가고 있구나. 어릴 때의 이를 젖니라고 하는데, 젖니가 빠지면 간니가 난단다."

앞니가 많이 흔들려서 치과에 갔어요. 잇몸에 마취를 한 후에 이를 뽑았어요. 쑤욱-. 이가 빠지면서 시원한 느낌이 들었는데 아프지 않았어요. 의사 선생님께서는 뽑은 치아를 돌려 주시며 말씀하셨어요.

"우리 준수, 아주 용감하구나. 앞으로 새로 나오는 이가 썩지 않도록 양치질을 잘 해야 한다."

집에 돌아온 후, 어머니께서는 넓은 마당에서 지붕을 향해 바라보며 말씀하셨어요.

"까치야, 까치야, 헌 이 줄게. 새 이 다오."

그리고 뽑은 이를 지붕 위로 던지셨어요. 이렇게 하면 까치가 새 이가 잘 나오도록 도와준대요.

| 사전·사후 | 설명글 |

교사용 "시작!"이라고 하면 제목부터 읽게 합니다. 제한 시간은 1분입니다.

깨끗한 물

	2
여러분은 혹시 물이 없는 하루를 상상해 본 적이 있나요? 물은	12
목마를 때 시원하게 해 주고, 더러워진 손과 발을 깨끗하게 해 줍니다.	23
깨끗한 물은 우리를 건강하고 기분 좋게 해 줍니다. 우리는 매일 콸콸	34
쏟아지는 물을 사용합니다.	37
깨끗한 물을 구하기 어려운 나라에 사는 어린이는 어떤 하루를	46
보낼까요? 물을 구하기 위해 매일 뜨거운 길을 몇 시간씩 걸어야	56
합니다. 하지만 힘들게 걸어가도 깨끗한 물을 얻기는 어렵습니다.	64
흙이나 벌레가 둥둥 떠다니는 물을 마실 수밖에 없어요. 그래서 자주	74
아프게 됩니다.	76
깨끗한 물은 모두에게 필요합니다. 그래서 어떤 어른들은 깨끗한	82
물을 얻을 수 있도록 우물을 만들어 주는 일을 합니다.	93
우리가 할 수 있는 일은 무엇이 있을까요?	100

사전 평가	평가일: 월 일	사후 평가	평가일: 월 일
걸린 시간	_____ 분 _____ 초	걸린 시간	_____ 분 _____ 초
정확도	100 - [틀린 어절 수_____ 어절] = _____ %	정확도	100 - [틀린 어절 수_____ 어절] = _____ %

1분당 정확하게 읽은 어절 수(WCPM) 구하는 방법	$\dfrac{\text{정확하게 읽은 어절 수}}{\text{걸린 시간(초)}}$ × 60 = _____

사전·사후 설명글

학생용

깨끗한 물

여러분은 혹시 물이 없는 하루를 상상해 본 적이 있나요? 물은 목마를 때 시원하게 해 주고, 더러워진 손과 발을 깨끗하게 해 줍니다. 깨끗한 물은 우리를 건강하고 기분 좋게 해 줍니다. 우리는 매일 콸콸 쏟아지는 물을 사용합니다.

깨끗한 물을 구하기 어려운 나라에 사는 어린이는 어떤 하루를 보낼까요? 물을 구하기 위해 매일 뜨거운 길을 몇 시간씩 걸어야 합니다. 하지만 힘들게 걸어가도 깨끗한 물을 얻기는 어렵습니다. 흙이나 벌레가 둥둥 떠다니는 물을 마실 수밖에 없어요. 그래서 자주 아프게 됩니다.

깨끗한 물은 모두에게 필요합니다. 그래서 어떤 어른들은 깨끗한 물을 얻을 수 있도록 우물을 만들어 주는 일을 합니다.

우리가 할 수 있는 일은 무엇이 있을까요?

확인하기 문제 정답

1단원

이웃	쪽수	답 1, 2, 3번
1일차	13	1, 2, 2
2일차	15	2, 1, 2
3일차	17	1, 2, 1
4일차	19	1, 2, 2
5일차	21	2, 1, 1
6일차	23	1, 1, 2
7일차	25	2, 2, 1
8일차	27	2, 1, 2
9일차	29	2, 1, 1
10일차	31	2, 1, 1
11일차	33	1, 2, 2
12일차	35	2, 1, 2
13일차	37	2, 2, 2
14일차	39	2, 1, 1
15일차	41	1, 2, 2

2단원

가을	쪽수	답 1, 2, 3번
16일차	47	1, 1, 2
17일차	49	2, 2, 1
18일차	51	2, 2, 1
19일차	53	2, 2, 1
20일차	55	1, 2, 2
21일차	57	2, 1, 2
22일차	59	1, 2, 1
23일차	61	1, 1, 1
24일차	63	1, 1, 1
25일차	65	2, 2, 2
26일차	67	2, 1, 1
27일차	69	1, 1, 2
28일차	71	2, 2, 1
29일차	73	1, 1, 1
30일차	75	2, 2, 1

모든 아이들이 즐겁게 읽을 수 있기를!

저자

송푸름 청주교육대학교와 서울대학교대학원에서 초등교육과 특수교육을 전공했다. 모두가 즐겁게 배우는 교실을 꿈꾸며 현재 인천용현초등학교 교사로 재직 중이다. 배움찬찬이연구회 1기로 연구하고 있으며 「찬찬한글」과 「한글 또박또박」 프로그램 개발에 참여하였다.

김민식 경인교육대학교를 졸업하고 이천한내초등학교 교사로 재직 중이다. 배움찬찬이연구회를 통해 현장에서 수업과 학급운영에서 학습부진 예방을 위해 노력하고 있다.

김민지 경인교육대학교를 졸업하고 인천해서초등학교 교사로 재직 중이다. 아이들을 올바로 사랑하는 방법을 고민하다가 배움찬찬이연구회를 만나 연구에 함께하고 있다.

문희영 서울여자대학교와 이화여자대학교에서 영문학과 특수교육을 전공하였고 모든 아이들이 책을 즐겁게 읽을 수 있기를 바라며 연구하고 있다. 현재 진접초등학교 교사로 재직 중이다.

심민지 서울교육대학교를 졸업하고 서울거원초등학교 교사로 재직 중이다. 배움이 느린 학생을 만나 '기초학력'에 관심을 갖게 되었다. 학생, 동료 교사, 학부모를 돕기 위해 연구하고 있다.

정평강 이화여자대학교와 미네소타대학교에서 특수교육을 전공했다. 현재 한국교원대학교 교수로 재직 중이며, 배움찬찬이연구회에서 활동하고 있다. 역서로 「학습장애 및 학습부진 아동의 과학적 평가방법: 교육과정중심측정(CBM)의 이해」, 「나는 여전히, 오늘도 괜찮지 않습니다」가 있다.

기획

김중훈 어릴 때부터 장래 희망이 초등학교 선생님이었다. 감사한 마음으로 24년간 학교에서 아이들을 가르쳤다. 공부가 어려운 아이들을 돕기 위해 배움찬찬이 연구회 선생님들과 함께 연구하고 실천하고 있다. 기초학력을 위한 프로그램 및 교구과 교재인 「똑똑수학탐험대」, 「찬찬한글」, 「수감각기초연산카드게임활동」, 「나의레켄렉」, 「따스함」 등을 연구 개발하였고, 난독증 치료를 위한 교재 「읽기자신감」을 감수했다.

감수

배움찬찬이연구회는 좋은교사운동 산하 전문모임으로 학교 현장의 교사가 중심이 되어 기초학력을 전문적으로 연구하고 실천하고 있다.

일러스트

정수현 경인교육대학교대학원에서 미술교육을 전공했다. 인천의 초등학교에서 아이들을 가르치는 현직 교사이자 아이들을 위한 그림책 「완전 멋진 나」의 저자이다. 그림으로 아이들의 배움에 도움을 주려고 노력하여 「읽기자신감」, 「찬찬한글」, 「따스함」, 「영어자신감」의 일러스트를 그렸다.

참 잘했어요!

1	2	3	4	5
6	7	8	9	10
11	12	13	14	15
16	17	18	19	20
21	22	23	24	25
26	27	28	29	30